소국小菊의 편지

권도얼

본명 권금
1956년 정읍 태인에서 출생
한국방송통신대학 국문과 재학
제3회 천상병 문학제 문예공모에 당선
한울문학 신인상으로 등단
한국 불교문인협회 회원
한울문학 문인협회 회원

소국小菊의 편지

초판 발행 · 2010년 5월 20일
지은이 · 권도얼
펴낸이 · 김동금
펴낸곳 · 우리출판사
주 소 · 서울특별시 서대문구 충정로3가 1-38호
전화 · (02) 313-5047 5056 · 팩스 · (02) 393-9696
E-mail · woribook@chol.com

등록 · 제9-139호
ISBN 978-89-7561-296-1 03220
정가 9,500원

* 잘못 제작된 책은 교환해 드립니다.

소국小菊의 편지

우리출판사

책을 내면서

주어진 생(生)을 사계절로 나누다 보니 소국(小菊)이 만발하는
가을인 것 같아서 신호를 위반하고 달려온 길 돌아봅니다
누구라도 감추어 둔 아픔이 있겠고
말 못하는 날의 기억으로 아파하겠지만
상처는 새로운 날의 밑거름이 되어
오늘보다 나은 내일의 소망으로 살아갑니다
위장(胃腸)이 시들어 죽어 가면
튼튼한 간장(肝腸)도 펄펄 뛰는 심장(心腸)도 같이 사라져야
하는
오장육부(五臟六腑)의 테두리에 머물면서
문병 갔던 중환자실을 떠올리고
더불어 사는 세상에 먼저 손 내밀어야 하는
이유를 배웠습니다
산자락의 밤은 아직도 쌀쌀한데
먼저 얼굴 내밀어 미소 짓던 진달래 시들어 가고
철쭉의 꽃망울이 공간을 접수하는
달빛 마당에 앉아 신호위반의 현실을 들추어보다가

오랫동안 덮어 둔 삶의 페이지 꺼내어
조심스럽게 오월의 가슴 한 자락을 내려놓았습니다
돈 되는 것만이 대접받는 세상에서 자꾸만 눈치가 보이고
부끄러운 마음과 많이 부족한 탓으로
망설이다가 처음으로 시집의 문을 열었습니다
첫걸음으로 발자국 새겼으니 다음을 향해 걷겠습니다
어설픈 글을 책으로 곱게 꾸며주신 우리출판사 가족들에게 감사드리며
묵묵히 지켜봐주고 탈 없이 지내 준 가족들에게는
언제나 모자라는 살림으로 이어왔으니
끝날까지 미안한 마음 짊어진 채
값없이 마시는 하늘의 인연에 감사하면서
남은 날의 생을 채우고 싶습니다.

고려산 자락에서

권 도열

차례

그것은 마법이었다.

유배된 사랑

차례

오월의 철새

홀로 가는 길

그것은 마법이었다.

가슴앓이

남풍南風이 부르기에 파도를 깨워
조각배 찾는 걸음은 용서해 다오
멈출 수 없는 방황 어쩌란 말이냐
터질 것 같은
인고人苦의 하루살이 숙제를

너무 욕하지 마라
백치白痴의 가슴인 것을
운명에 끓는 열기로 식혀야 할 바람난 가슴
그래도
한 페이지 건져 노을에 쉬을 수 있는
가느다란 생生의 노래로
후회하지 않으리니

다시 찾는다, 삶의 그늘을
그리고 단단해 지리라
시리게 뒹구는
새벽이슬만큼 아프게 살아야지
마냥 달아난들 제자리로 걸어 드는 달月

어제로 갔다면
이 밤의 시 한 잔이 덤인 것을 아느뇨
묻지 마라!
부르는 아버지의 곁으로
자살할 수 없는 나의 권리權利를…

가을에 젖어

고려산에 가을비 내리면
오십 견 위로
갈잎하나 내려 앉아 속삭인다
엊그제의 푸르른 날과
뜨거운 정열에 취해
찬바람 코앞에 머무는 줄 몰랐었다고

고려산에 가을비 내리면
고뿔 피해 숨어드는 길손에게
팔각정이 눈짓한다
애태워 물기 끌어올린 뿌리에
이불 되고 싶은 효심으로
낙엽은 눈꽃처럼 우수수 지는 것이라고

고려산에 가을비 내리면
소금기 씻어주던 약수터에 외로움이 고인다
타락해 가는 세상에 발 디디고 살아
떨칠 수 없는 거짓의 찌꺼기 행구고
다정하게 인사하던 미소가
몹시도 그립단다.

그것은 마법魔法이었다

날선 어둠 속 발싸심으로
무너지는 석탑 붙들어
윗돌 빼서 아랫돌 고이다가
한숨 비벼 뚫린 빗구멍 막고
멍든 살 찢어 쌀독 채워 낸
요술 같이 아슬한 어머니!

불혹의 문턱에 홀로 되어
세 살 난 막내 보채는 흥부네 칠남매로
마법의 무대는 시작되었고
하룻밤의 정열도 태워보지 못한 칠순의 지팡이
여학교 훈장 된 아들 앞세워
먼저 간 자식 찾아 우는데

불효만 차지하고 앉아
버거운 삶을 토해내는 못 난 사내 하나
유혹하는 파도 덮칠 때마다
주름진 눈물이 바위섬에 앉았기에
차마 부서지지 못하고
황달 걸린 연기만 피워 냅니다.

김장 배추

양지 바른 동네에서
낯선 곳으로 시집오던 날부터
좁은 방 소금기로 몸 비틀어 신음하다가
희미해가는 숨소리 축축 늘어져도
소망 하나 끝까지 붙들고
자식 바라보던 어머니를 닮았구나

아낙네들은 수다에 웃음 섞어
남정네의 흉허물을 끓이다가
산다는 것은
묵은지에 정하나 싸주는 것이라며
겨드랑이 들추고 연지곤지 되는대로 찍어 바른다

엄동설한에 가난한 바람 불면
초라한 밥상에다 사랑만은 올려놓고 싶어서
어두운 곳 마다하지 않고 묵묵히 앉아
너는 행복을 숙성시킬 것이다
남의 것만 부러워하며 겹겹으로 양심 감추는 사내가
너만큼만 깨닫고 갔으면 좋겠다.

내가 사는 이유

동 트는 하늘을 밀고 나와
카랑 진 울음에
어머니는 기운을 놓았어도
내 사는 이유
유방을 찾아 웃었어라

더딘 시간에 세상 잡아 가두고
스러져 가는 친구 먼저 보냈어도
내 사는 이유
못 채운 하나로 헤매어 뛰었어라

지치거든 삼복의 소나기에
차라리 벗고 웃어라
힘든 날의 밤은
더욱 깊고 달구나
내 사는 이유
만나지 못할 내일에나 물어라.

눈밭에서

아무렇게나 굴려도
눈사람은 언제나 예쁘다

처음의 손길이 아름다웠고
몸집 커질 때마다
겹겹 속에 동심童心의 미소 담겨있어
결코 화내지 않는 가슴으로 서있다

누가 만들어도 사랑과 기쁨 더듬어 굴리고
자연에 감사할 줄 알아야 세울 수 있기에
눈사람은 웃을 수밖에 없는 것이다.

눈

눈발이 날리면 강아지도 좋은가보다
지저분한 어제의 허물은 뒹굴어 씻고
다시 잡아 일어서는 마음이고 싶어서
설렘의 가슴이 좋은가보다

하루쯤 한가하면 어이하리
이틀쯤 쉬어가면 누가 보랴
사흘쯤 방황한들 괜치 않아
쏟아 낸 하늘 더욱 맑을 테니까

그렇다 해도
몸뚱이뿐인 참새는
어디에서 주린 배 채우는가
예전의 그놈처럼 공복空腹을 달래기 위해
하얀 눈만 쪼아 대겠지…

먼저 가려마

얼마만큼의 눈물 보태야 강물 이루고
얼마나 흘러서 바다를 보느뇨

따라갈 수 없는 언덕 너머로
목숨 걸었던 사랑을 먼저 보낸다

꺼억꺼억 울어 긴 밤 지샌들
태우고 간 얼굴을 어디에서 보랴

가거든 오지 마라
고뇌와 번민의 땅으로는 다시 오지마라
짜디짠 가슴으로 보내노니
잊혀 진들 잊혀 지랴
열 달 품은 인연이 악연의 마무리라서
심장에 못질하고 떠나는 발길 위로
고이고이 합장의 기도만 뿌리고 있다.

멜론에 대하여

눈길끄는 망사網絲입고 미소 지어도
진실의 마지막은 전하고 싶어
나그네 붙들고 하소연한다

화장발에 감춘 겉모습 화려해도
땡볕과 비바람 품고 사는
참외가 부럽다고 투덜댄다

세상에 나가거든 어디서나 큰소리 치고 싶어서
계산된 사랑으로 울타리치고
온실의 과잉보호 받았으니
콧노래 만드는 산들바람을 짐작이나 했으랴

상석上席을 차지해라
값나가는 상품商品이 되라
잘못된 인연이 욕심을 부추겨도
벌거벗은 낮과 밤 동무 삼아
진솔한 햇살의 윙크 있다면
단맛 나는 개구리참외가 행복이어라.

백년 소나무百年松

등 굽은 가슴에 한 세월을 감추고
낯설게 오는 아침을 이었다

건방떠는 칡넝쿨이
제 잘났다 기어오르면
하심으로 고개 숙여 햇빛 찾았고
십년도 못산 똘배나무가
불알 내세워
제 것이 으뜸이라 거들먹대면
가을 넘어오는 찬바람 일러주었네

더불어 사는
산기슭의 울타리에
너 없이 내가 있으랴
구름 위에서 들었던 하늘의 이야기 품고
빗줄기로 내려 온 인연과
게송偈頌이 들리는가
소나무와 나누는 백년의 정담情談을
그대 정녕 모르시는가.

밥

영혼 담고 사는 육신肉身을 위해
감사하며 씹어라

부드러워지기 위해
땡볕의 담금질로 눈물 녹여서
그대 앞에 올려 진 인연이 아니더냐

거친 비바람 속에서
맨발로 정성 키울 때는
순리順理에 만족하는 마음하나 바랬으니
화내지 않고 기다린 보약補藥인데
함부로 버릴 수는 없는 게지.

버드나무 새

닿을 듯 말듯 호수를 희롱하며
거울삼아 그네 뛰는
지혜가 여유롭다

갈길 먼 잠자리 매달려 날개 말리고
방앗간을 오가는 참새 불러 등에 태우고
빈손으로 떠난 선조의 이야기 들려주다가
쉴 곳 없어 기웃대는 나그네를 부르는데

식솔 많아 가난해 보여도
한가로이 춤출 수 있는 것은
맺은 인연에 감사로 초심 지키고
과욕의 새싹 키우지 않기에
몸 무거운 까마귀는
앉을 수 없는 곳이란다.

보릿고개

등 굽은 햇살로 허덕대던 날
찢어진 고무신으로 걸어 본 사람은 알 것이다
자꾸만 미끄러지는 삶의 언덕에서
주위 살피며 훔치고 싶은 배고픔과
칼날 같은 젖먹이의 신음소리에
하늘로 던지는 삿대질을…

마른 젖 빨리다 주름진 얼굴을
가파른 외길에서 만나 본 이는 알 것이다
간이라도 꺼내 주고 싶은
안타까운 눈물과 한스러움이
부잣집 뒤주를 원망하며
초근목피로 숨 쉬고 살았다는 것을…

하나만의 소망 붙들고 애써 넘던 보릿고개 사연을
어렴푸시라도 떠올리는 가슴은 알 것이다
반찬 투정하는 응석받이가 배부른 사치라는 것과
무지개까지 챙기려는 욕심 담았기에
소중한 미소 잊고 산다는 것을…

산다는 것은…

자르지 못하면 칼이 아니듯
다한 인연에 얽매어 떠나지 못하면
부질없이 머무는 애착이어라

물은 썩지 않으려 흐르는 것이고
이슬 또한 흐르다 맺어지는 것
소나무와 같이 노는 칡넝쿨
하늘 높이 자라고
잡초와 동무하는 전나무
아랫것에 취해 키 크지 못하는 걸 아시는가
향 묶은 지푸라기 향내 뿌릴 때
생선 매단 동아줄은 비린내만 풍기누나

산다는 것은 새로운 아침 맞는 것이고
가르치는 것이 먼저 온 길 일러주는 것이면
배운다는 것은 어리석음을 깨닫는 일일진대
사랑이라는 말은 같이 머무는 것이 아니라

아픔까지도 나누어 갖는 약속이어라
고로
행복이란
소망과 더불어 생채기에 새살 채우는 것이니
좋은 만남 간직하고
때가 되면 기꺼이 웃어 보내는 것이다.

소국小菊의 편지

아직 겨울은 오지 않았는데
모두가 서둘러 내일을 포기했습니다
한 곳에 정주지 않아야 자유롭다던 코스모스도
해바라기 곁에 무덤 만들어 떠났고
첫사랑에 한껏 행복해하며
봄 처녀와 속삭이던 청운의 정열도 사라져
푸석푸석한 바람이 세간을 채우고 있습니다

누군가는 꼿꼿한 그림자 만들고
땡볕에 울다간 매미의 일기日記 보관하여
새순에게 전해야 할 이야기도 많은데
보이는 것이 전부全部라고 어설프게 판단합니다

그래도
물기 없는 뿌리가 안쓰러워서
마른 입술로 뒷날을 부탁하며 떠나가는 낙엽이
소국小菊의 시린 발등에 이불 되어 오는데

비록 발이 없어 날아오는 소문에 귀를 세워
폐 속 깊숙이 신선한 바람 보태고
매연에 찌든 가슴 받아내어
나름대로 최선을 쏟아 살았으므로
후회하지 않는 삶의 이야기 들려줍니다
내노라던 개구리가 한 뼘씩 몸 숨기는 찬이슬에도
소국의 향기는 님 찾아 가기에
가을은 가을답게 저물어갑니다.

빈 가슴

창밖에 의자 하나 젖어 있다
그리운 이 기다리는 듯
떠나는 님 지켜보는 듯

소유할 수 없는 공간에서
누구라도 좋을 시간인데
행복 찾아 집 나간 구름 돌아 와
시한부 된 몸뚱이를 더듬는다

재잘대는 달빛 내려 올 때면
외로운 바람이 서성이는 곳
삶에 지친 아버지
쉬어 갔으리.

술!!

행복幸福의 의미를 물어 오거든
먼저!
아픔을 말해 주세요

빗소리 가슴으로 받고 싶다면
구름 먼저 보고 오세요

왜 마시느냐 묻거든
그냥~
웃어요.

양파에 대하여

너를 보노라면
말 못하는 무덤이 떠오른다
때로는 열어젖히고
숨은 것 다 보여주며
울부짖어 말하고 싶을 거다

우리 모두 자신의 발자국이
양심을 밟아 걸었고, 걸어가고 있기에
누구하나 억울함에 대해
변명해 주지 못하지만
속살로 스며들어 지울 수 없고
너나 나나 떨치고 싶은 사무침으로
껍질하나 벗겨질 때마다
서러운 눈물이 흐르는 거다

다리 펴고 울어 본 적 없어
혼자서 삭여야 할 상처로 인해
아직도
매운 맛이 남아있는 것이다.

이브의 고백

비 오는 날 에덴의 동산을 떠나왔으므로
오해를 남기기에 충분했었다

남의 것이 부러워 마음 돌릴 때부터 유혹은 시작되었고
벌거벗은 순수의 가슴이 호기심에 짓밟혀
흙탕물에 음부 들어내던 날부터
그늘진 숲속으로 부끄러움은 감추고 싶었다

나 없이 존재할 수 없는 神에 대해 고민하던 밤
자살할 수 있는 권리는 아직도 간직하고 있기에
쉼 없이 손짓하는 神의 목소리 들려왔어도
인연因緣과 벗하며 사는 오솔길이
차마 떠날 수 없는 애착으로 남아
현실現實의 톱니바퀴 곁에서 숨죽이고 살았다

언젠가는 돌아가 스스로 떠났다는 사실에 증언證言하며
수없이 많은 神과 꽃길이 있고
풀벌레와 새소리가 둥지 틀어 사는 이야기로
쫓겨났다는 잘못된 소문에 애써 변명辨明하지 않아도
용기를 내어 대자연大自然으로 고개 숙이면
저절로 알게 되는 까닭이다.

어머니의 수의

아직도 젊은이에 뒤지지 않는 시력으로
콩밭 메는 팔순의 호미질은
칠남매의 우애만을 바라보며
살아온 거울로 여생을 살피고 있다

자식 앞세운 가슴 탑돌이에 내려놓고도
발걸음 허전하여 보듬고 살았던 나날들이
소쩍새 울음소리로 삶을 노래하는데
무슨 꽃을 더 심으랴

끝 날에 곱게 입을 삼베옷 가끔 더듬어
입가로 눈 감은 미소 번질 때마다
선조의 지혜를 알았네
수의壽依가 장수長壽의 부적인 것을…

인생이란

곁에 있는 가난으로 청빈을 알았고
질병이 들어와 탐욕을 버렸네
고독을 빌려 나를 찾았거니
천지가 더불어 짝하는 구나

산은 절로 높고
물은 스스로 흐르는가
유혹하는 구름에 하루를 실어 본다
바람이 부는 대로 맡길 일이니
어디인들 이승의 보금자리

만나는 것으로만 즐길 뿐
없는 내일을 애써 바라지 않나니
하나를 얻기 위해서는
버려야 할 하나의 이치가 있음에
다만!
끄달리지 않으므로 오늘이 즐겁구나.

장봉도

두 개의 가슴 품지 않았기에
올곧은 수평선에 사계절 태우고
님 찾는 갈매기의 날갯짓으로
움푹움푹 패인 사랑 간직한 채
언제나 그 자리 망부석 되어
망망한 대해大海로 그리움 띄워 내는 곳

풍랑 피해 도망친 뱃머리 보듬어
이방인 잠재우는 오지랖이라 질투하여도
나누고 싶은 인연因緣 개펄에 익히고
인어人魚공주의 소금나라 이야기는
곱게 타는 노을에 보탤 때
미소微笑 실은 파도 달려와
백사장白沙場의 속삭임이 꿈틀댄다

흙 밟지 못하는 살벌한 세상에 돌아가거든
황혼의 해변에서 담아온 추억을 풀어
하얀 눈물로 부서지는 뱃길 더듬고
선착장에 숨겨둔 이별의 키스 떠올려서
어설픈 자화상自畵像 묻어 둔 장봉도
생生의 끝날까지 연애戀愛 하리라.

저승 가는 길

파란만장하게 흩어진 발자국을
정리하지 못하고 떠난다
울면서 왔기에 미련 없이 가려는데
시끄러운 술자리로 자꾸만 붙잡지 마라

사흘이 못 가 변한다는 걸 알고 있으니
주검 앞에서도 뱃속은 채워야지
떠나는 자 위하여 닭똥 같은 눈물 있거든
꾹꾹 눌러 사십구재 잔을 채우고
진솔한 가슴 하나로 향을 피워
애착 없는 뒷모습 빌어 주려마

풀지 못한 응어리는
때늦은 후회로 녹아지지 않으리니
잊을 수 없는 인연이 남았다면
눈물 마르기 전에
잠시라도 빌어다오
극락왕생의 가벼운 발걸음을…

저승에서 온 편지

향불에 심장 타는 아픔으로
업장 무너지는 통곡을 듣고 갑니다

울고 싶은데 눈물이 없고
입술이 없어 말하지 못해도
전생의 인연 되어 아스라이 남겠지만
그림자로 머물던 생로병사生老病死와 제행무상諸行無常일랑
타고 남은 흔적에서 찾으소서
그리고
이제 그만 보내주소서

자유로운 여행을 위해
허공의 넋으로 이별을 띄웁니다
철없이 던진 아픔은 용서하고
곁에 둔 사랑 위하여
할 수 있거든
속히 잊어 주소서.

천년 사랑

길지 않게 맺어진 인연이
빛바랜 사진첩만큼 아련한 느낌은
진솔하게 쌓아온 추억 때문인가요

깊은 가슴 잊혀지지 않아
종일을 채우고 걷는 것은
끝날까지 지녀야 할 약속입니다

녹아져 있는 사랑 어디서나 떠날 줄 몰라
낯선 곳까지 동행하는 그리움을
그대 정녕 아는지요

결코 놓을 수 없는 운명이기에
주검 되는 날까지
온몸으로 잡으렵니다

세월로 짧아지는 날개와 보고픔의 더딘 발길은
천 년의 마디를 접고 건너서
느껴지는 사랑 찾아 달려갑니다.

치마에 대하여

치마를 입고 잠시라도 방심한다면
음흉한 눈빛에 속살을 주어야한다

여름날의 종아리는
사람살이에 있을법한 생채기라서
무릎 위로 짧게 걸친들 흉 되지 않아
제멋대로 거닐어도 눈길 주지 않는데
높은 곳을 향해서 계단을 오를 일이면
바람 부는 날 있으리니
제 모습 반듯하게 나설 일이다

속바지로 덮어서 보이지 않아도
저 좋을 대로 상상하며
시시콜콜한 가십거리 만들 것이기에
한 발짝 오를 때마다 더 많은 허물이 보일 터
누군가 뒤에 있다는 사실만으로
먼 곳의 인기척까지 조심하면서
명예는 치마를 입고 가는 것이다.

친정 나들이

손 닿을 곳에
님의 체온이 머물 때는 몰랐습니다
그대와의 사랑에
중독되어 있다는 사실을

산산이 무너져
쉴 곳 없이 뒤척여야 하는 밤
값없이 마시던 하늘에 고마움 던지고
맺어진 인연에 감사 채우며
달빛에 외로움을 기억시키고 있습니다

비뚤어지게 걸어 온 마디마디
미안한 손길로 더듬자니
보상해야 할 시간이 너무 짧아
이승 너머까지 이어야한다는 것을
금단의 현상으로 깨달았습니다.

한국인

찬밥에 된장 쿡쿡 찍을 때
무엇을 찍을지 아는 사람은
한국인이다

비빔밥에 참기름 한 방울이
한 방울이 아님을 아는 사람도
한국인이다

그렇다 해도
젓갈 삭여서 갓 꺼낸 묵은지로 가반하며
버거운 일에 품앗이할 줄 아는 이가
정녕
한국인이다.

한턱거리

드시게나
망상으로 지나쳐 온 청춘에
덮고 싶은 생채기가 어디 한 짐뿐이던가
한 잔 술에 따돌릴
고뿔이면 좋으련만

드시게나
이 밤 끝에 붙어 사는 죽음인 걸
누가 말뚝으로 어둠을 메겠는가
여명을 앞세워 오는 아침은
절름거리고 아는 체하며 다가올 텐데

드시게나
서 있는 시름 주저앉히고
어차피 댓 짐 먹은 뱀
설음의 안주는 씹어야지
인연으로 한 상 차려 받았으면
미움일랑 두고 가시게.

함초의 사랑

개펄에서 노을 캐는 서해西海에만 머물러
죽어 넘는 햇살과 눈물을 수없이 보았으므로
다시 일어서는 삶의 비밀은 알고 있었다

어느 사랑이 짠물만 삼키며 울었고
누구의 아픔이 너의 가슴만큼 깊었는가
소금밭에 눈물 뿌려 달빛 키우고
외로움 익혀서 별빛 품었으니
어떤 종기가 함초의 진액에 녹아지지 않으랴

서둘러 포기해야 할 사형선고에 삿대질하고
시들어가는 몸뚱이에 배신감을 씹으며
밀물 없이 살아야 했던 날들로
악착같은 너에게 한 수 배워 일어선다.

행글라이더

잃어버린 날개 챙겨
낭떠러지 앞에 섰다

불안과 공포와 설렘이 요동치고
대화 없이 맺은 약속만을 짊어진 채
포기할 수 없는 용기 하나로
대퇴부에 응원을 보낸다

새처럼 날고 싶어서가 아니다
가까이 숨어있는 행복의 조각들로
얼마만큼 아름다운 그늘에서 살고 있는지
깨닫지 못한 어리석음을 창공에 뿌리고
사선 넘어가면 보일 것 같은
욕심의 그림자를 지우고 싶어서…

핸드폰

전원이 꺼져 있다고 화내는 것은
그대의 몫으로 애태우는 것이니
사색하는 걸음을 탓하지 마오

언제든지 살아있는 목소리를 믿었기에
손 닿을 곳에 열쇠처럼 올려놓고
홀로 되는 시간마저 저당 잡힌 세상에서도
죽어가는 까닭은 알고 싶었다

사랑이라는 노래와
부처라는 관념과
예수라는 이름이
있는 것도 없는 것도 아닌 허공에서 불러도
생生의 수수께끼는 포기할 수 없어
스스로 존재하는 진실의 가슴을 찾고 있었다

너 없이 못 살 것 같아도
너 없이 살아 온 날 떠올려
희미한 불꽃으로 어두움 이기고
가끔씩 너의 손짓은 무시할 것이다.

화장터에서

장송곡으로 뿌려주는 눈발이니
그대는 좋겠습니다
가로수마저 하얀 꽃잎 던지니
참으로 좋겠습니다

끝이 아닌 길이니 눈물은 거두렵니다
인연으로 새 길 열어
상품상생하리니
어리석은 한숨도 접으렵니다

손때 묻은 아쉬움 뒤로 하고
그대는 애착의 끈을 놓으십니다
남은 자의 몫이 눈길에 비틀거려도
청솔처럼 꼿꼿하게 홀로 가소서
못 잊을 미련 남아있거든 활활 태워서
이승의 하늘에 던지고 가소서.

GAS통 1

너만큼은 기다리고 살았다

여러 사람의 허물을 알았고
순식간에 사라지는 죽음도 들었지만
다문 입술로 바라만 보았다

속 깊이 눌렀던 한 자락 꺼내어
진솔한 불길 피우고 있는 너
사람살이 올려놓고 갖은 색깔의 입방아 들끓어도
언 가슴 녹이는 혈관 하나로
차가운 세상에 뜨거운 눈물을 보태고 있다

산다는 것은
담긴 만큼의 인내와 용기로
터질 것 같은 껍질을 지켜내는 것이라서…

GAS통 2

산기슭 오두막에서 엄동설한을 지키고 있다

찾는 이 없는 홀로서기
백설白雪로 시린 발끝에 어둠을 채워
전생의 운명運命 위로하며 불꽃 피운다

이제 모든 것 주었으니
가벼운 몸 되어 훌훌 떠나지만
앉았던 자리로 새 인연은 생을 태우려 오고
영혼이야 윤회의 발길 따라
낯익은 곳에서 새 옷을 입겠지만
그림자에 물든 일각一刻의 법문으로
깨닫는 자者 있었으면 좋겠다.

장애인 친구

모자라는 핏줄에 꿈을 실어
일어서는 용기를 본다

손 없이도 향기 건네는 장미와
발 없는 호수 하늘 품어 웃을 때
사지육신 멀쩡한 사내는
애착의 개울 하나 건너지 못하는데

뒤쳐진 타인의 몸짓으로 누가 웃는가
밤 없는 낮과 뒤 없는 앞이 있었으랴
수레바퀴는 더불어 굴러가는 것
눈 없는 물줄기 솔잎 키우고
바람은 입 없이도 비 소식 전하건만
욕심 키운 절름발이는 교만에 누워
아상만 채우고 있다.

효자손

불혹이 뒹구는 노을의 끝자락에서
대나무 한 조각은 핏기도 없이
좌판 구석으로 명찰을 달고 앉아
거들먹대는 불효不孝를 조롱한다

굽은 등 긁어 줄 손길도 없이
모진 세월로 가뭄의 논바닥 된 주름살과
살점 찢겨 구멍 난 상처 마디마디에는
가시고기로 키운 자식들이 숨어 있다

퍼낸 사랑을 틀니로 매만지는
동지섣달의 하얀 밤에도
못난 사내의 가슴 한 조각은
천 원짜리 효자손만 못하여라.

유배된 사랑

겨울 비

무거운 업보로 승천昇天하지 못해
눈물로 내리는가!
첫눈 기다리며 애태운 님
아직도
벗은 발로 잠 못 드는 밤
들녘 향기 그리운 전봇대는
흘러가는 인연因緣에 사랑 적신다

거름 밭 채워
얼마를 더 걸어야
그대 품에 잠이 드는가!
천 번을 접어낸 까마귀
썩은 하루만 쪼아내다
지쳐 내리는 하늘로 날아
극락 문턱에 눈물 보태고…

욕심에 얼어 든 속살 녹여
벗어 재친 영혼의 무덤 속으로
철모르는 겨울비가
낮은 데로만,
깊은 데로만,
님 찾는 걸음 되어
종일을 채워 내린다.

가을 소나타

낟알 속에 매미소리 감추는 가을 오면
고집 센 밤송이
사립문 열고 손님 맞는다

청운의 꿈 뿌리에 간직한 코스모스는
장맛비에 쏟은 눈물과
삼복의 땀 냄새
고추잠자리 날개 위에 말리고
목구멍 실핏줄로 그리움 매달아
팔방으로 님의 이름 부르는데

가난에 흔들릴지라도
영글어 가는 소망하나 키우기 위해
다시 온다던 약속 붙들고
결코 포기할 수 없기에
인고忍苦의 밤들을 지새워 기다린다.

봉선화 연정

뼛속으로 베인 붉은 기운이
전생에 맺어진 그림자였기에
하얀 꽃 꿈꾸어도 어쩔 수 없다

발자취 남기고 갈 윤회의 달무리에는
젖은 날 채우고
하룻밤의 생채기에는
새 살 채워 살았다

무릎사이로 찬바람 오기 전에
땅 속의 어금니 가을비로 떠나기 전에
손톱 위에 첫사랑은 새기고 싶었다

후회도 미련도 애착 없이 버리고
붉은 입술로 이승의 찌꺼기는 태워서
툭툭! 떠지는 씨알에게
타다 남은 절개만 남기고 간다.

유배된 사랑

우리가 산동네로 유배된 것은
무릎 꿇지 않고 똑바로 쳐다봤다는 이유에서였다
별들이 키 재기로 다투어 빛나고
새벽달이 노을의 발자국 따라가는 길목에 사랑방을 지었다
라면박스의 귀퉁이에서 눈치 보던 귀뚜라미와 여치가
신원조회를 마치고 이웃으로 삼겠다는 신호음이 울렸지만
우리는 허물어진 사랑을 세우기 위해 전등의 촉수를 훔치고
천정에서 엿듣는 거미를 의식해야했기에
문명의 이기가 불편하다는 걸 느끼고 있었다
포도청이 무서워 움츠리고 있는 바퀴벌레도
한때는 내로라는 기침 흘리며 명분과 가문을
앉은뱅이저울에 올려놓고 방귀께나 풍겨
머리에는 붉은 띠로 장식하고
정략결혼을 찾아 버럭버럭 고함을 질렀을 것이다
갯바람 마시고 자란 대추나무가
우리의 사랑을 배우려고 발갛게 물들일 때
찢어진 팬티지만 엉덩이 치켜 올린 고구마는

사랑방의 한 구석을 내 놓으라 할 텐데
언 바람 피해서 들어오는 달빛은
어디에 앉혀야 할까
무릎 맞대고 눈빛 마주치는
초심의 속삭임은 멈추지 않았다.

그리움

고드름 시퍼렇게 매달릴 때는
노오란 개나리 꿈꾸며 살았고
도심에서 유혹하는 네온의 밤이
로맨스로 흥청거릴 때는
모퉁이에 앉아
보름달 더듬었습니다
소박한 가슴 하나에
오색실로 그대만을 묶어 둔 채
조롱박 영그는 강기슭에 오두막 짓고
초가지붕 위로 호박넝쿨 키워
코스모스 피는 하늘을 기다리고 있습니다
토란잎 너울대는 원두막에서
포도주에 잠기는 그대 입술 보고 싶은데
호랑나비로 날아 간 발길은 언제쯤 돌아옵니까.

첫눈

간밤에 배달된 그림을 본다

발자국에는
두부장수의 종소리와
메밀묵이 딸랑거리고
신문배달 독학생은
대문을 찍고 간다

창문 밖의 흔적은
서성이다 돌아 간
님의 그림자일레라.

기다림의 끝

두고 간 그리움 위로
익은 바람 덮쳐 오면 더욱 보고픈 사람
그대의 인연이 없었더라면
늦가을 달무리와 배고픈 파도에 한숨 던지고
정 주지 못해 먼저 간 동무 찾아
비에 젖는 기러기로 살았으리라

죽어 가는 폐선廢船에 기대어
허전한 목깃 세우고
뽑힐 듯 지쳐 우는 노송老松이 되어
어긋난 해풍海風에 잠들지 못한 채
생의 끝날만 기다렸으리라

썰렁한 도심의 담장 사이에서
까마귀와 친구 할 없어 숨죽이는 얼굴이
손잡고 칠해준 머드팩으로 웃는다
그림자로 스미는 달빛 건져 온몸에 바르고

긴~긴~밤 짧게 보낸 아쉬움은
핏기 간직해야 할 숙명이었다

사랑하는 사람아~~
사랑하는 사람아~~

하나만의 기도가 내게 주어진다면
지금의 가슴으로만
당신을 사랑하게 하소서
지금의 입술로만
사랑을 키우게 하소서
내 생의 마지막 날까지…

새 생명 오던 날

억겁(億劫)의 인연으로 청실홍실 엮어
걷어 채일 먹구름은
믿음의 눈망울로 밀쳐내자 약속하며
속삭여 불렀던 너에 대한 그리움은
우리의 운명이었다

아픈 만큼 울어대던 매미 사위어 가고
푸른 날들을 탯줄에 익혀
씨알 맺은 들녘 풍요롭던 날
하늘 열고 보여 질 설레는 만남
벗은 발로 기다리는데…

검붉은 하혈下血 쏟아
죽음의 문턱 넘실댈 때
애태우는 얼굴 줄줄이 보초 세우고
설익은 눈 비벼 태어난 사랑의 씨앗은
고운 미소로 살아 갈
따사로운 햇살 예약했기에
가을 안개 더욱 짙었어라.

아픈 일기를 태우고

내 삶의 주어진 길이는 모르는 일이지요
그것을 누군가가 살짝이라도 알려주면 좋으련만
길게 구부러진 일기에도 사랑은 보이지 않았습니다

푸념에 쌓인 목마름으로만
아프게 채워 왔을 뿐인데
불쑥 다가온 안개처럼의 인연에
모든 것을 빼앗기고도
행복한 것은 어이합니까
바꿀만한 유혹이 와도
끝날까지 주저 없는 길을 가려 합니다

그래도
남아있는 생채기가 만져지면
그대의 미소에 앉아 다행스럽게 가슴을 쓸고
목숨과 바꾸는 눈빛 하나로
기꺼이
아픈 과거를 태우렵니다.

연어

어린 날의 희미한 기억 더듬어
숨바꼭질 하던 강기슭 놀이터가
못내 그리워 돌아가는 것이다

몸뚱이 하나로 거친 파도 넘었고
오대양의 짠물에 싸여
포기하고 싶을 때에는
젖 먹던 기운 찾아 일어서야했다

구석진 곳을 왜 가느냐고 묻지 마라
너른 바다의 노래를
어찌 버리는가도 묻지 마라

산고産苦에 지쳐
넋을 잃은 어미의 가슴과
함께 죽어 간 수컷의 사랑 이어받아
일편단심으로 세포 키워 어른 되었기에
오늘만이 존재함을 깨달아 헤엄치는 것이니
그대 또한
내일을 만난다고 말하지 마오.

포구의 사랑

끝없는 마당이라서
황홀한 날갯짓에 살았다오
넉넉한 먹거리로 뛰어 놀다 그대를 보냈다네
사람살이 언제나 오늘만 만나는 것을
내일 날에 쓰려고 사랑을 아낀 바보
누가 알아 일러줄까

주름진 속살로 누워 잠든 배
만선 때 찢긴 깃발은
북풍한설로 긴 밤을 울어 샌다
안쓰럽게 덮어주는 달품마저 숨어 가면
님 떠난 골방의 몸부림을
뉘 알아 안아주리

정두고 떠난 갯 가슴에 물때 찾는 발걸음이
선창의 새악씨를 앞세우고
질퍽질퍽 삶을 캐고 지나치면

피 흘리는 생채기는 누가 알아 싸매주나

아련히 들려오는 님의 발소리에
모로 누운 뱃노래가 꿈틀댄다
만선이 아닌들 어떠하리
서럽던 지난날이야 그대의 미소로 괜치 않아
촉촉한 입맞춤을 눈빛으로 더듬는 파도가
하얗게 부서져 춤을 춘다.

유월六月의 밀애密愛

하늘은 밤나무 가지에
풋사랑의 이슬을 뿌렸나보다
냄새가 진동하니 수태는 되었겠고
가을이면 배부른 밤송이 툭!툭! 터져
남몰래 이루어 진 과거를 고백해야한다

세풍에 시달린 몸으로 잠들어야 했기에
달빛의 정사情事 몰랐어도
중매쟁이 벌 나비는 바람기에 웃을 터이니
소복하게 배불러 오거든 눈치 채소서

눈 끝에서 이루어지는 사랑으로
소리 없이 시작 되는 생로병사가
어디에서 오는 지를 그대는 정녕 아시는가
모른다는 사실만을 인정認定하고
유월의 숲속에서 묵묵히 바라보소서.

오월의 철새

가로수

군데군데의 반점에는
살아남기 위해 발버둥 쳐야했던
눈물이 고여 있었다

홀몸이라면 미련 없이
떠날 수도 있으련만
철없이 미소 짓는 자식들을 위해서
내색 없이 저녁상은 차려야하기에
입원실의 한가로움은 꿈도 꾸지 못했다

하나의 상처가 아물만하면
어김없이 찾아드는 한파로 인해
매연으로 언살 녹이고
미련에 못 떠나는 마지막 잎사귀마저
역사의 거름으로 삼아야했다

새순 돋아 매미소리 머무는 날 올 테니
핏물 섞인 옹이의 이야기 찾아 나설
나그네 기다리는 소망 하나로
양심 속이고 민초의 심장 찌르던
심야의 만취운전은 기억하고 있었다.

독도

동방東邦의 동녘에 앉아
일출日出이 올리는 큰절에
아픈 날의 기억 양보하여
영혼의 파도가 길 잃은 철새 보듬듯
개과천선한 너의 눈물 기다리는데
서른여섯 구비 걸으며
농락한 치맛자락도 부족하여
國籍(국적)의 핏기 흐르는 탯줄 자르려고
비수 같은 입술 들이대는가

배고파도 훔치지 않는 기러기의 양심도…
太古(태고)의 가슴으로 피워내는 야생화의 지조도 없기에
대륙에 큰집 없는 섬 집 아이의 설움이라고
어물쩍 넘기기에는
소문난 너의 행실行實로
각혈咯血로 떠난 선조先祖의 숨결이
바람으로 통곡한다

新羅(신라)의 씨앗과
百濟(백제)의 자궁을 훔쳐 잉태한
庶出(서출)의 恨(한)이야 알겠다만
아서라!!
말아라!!
가끔씩 미치는 헛소리에
많이 배운 네 식솔도 부끄럽다 함은
남의 땅 빼앗던 깡패 기질
괴로운 이웃 넘어
온 동네가 다 아는 일인 것을…

라면

찌그러진 냄비에
썩은 물 올려놓고
교수대 같은 두 벌의 젓가락은
녹녹하게 익은 몸뚱이
찢어 삼키려 침 흘리고 있어도
이대로 스러져 가기에는
구부리고 지낸 시절이 서러웠다

고단한 세월 접고
매끄럽게 웃어 갈 수 있으련만
이유 없이 어긋난 과거는 해명 받고 싶어서…
자유를 갈망했을 뿐인 동료의 허리마저 비틀어
무릎으로 기게 한 아픔은
알콜 중독된 어둠까지 쫓아와
피를 말려 고문하고 있기에…

여기는 형제의 눈물도 모르는
모진 동네의 식탁이더냐!
썩어가는 상처에 약삭빠른 스프의 덧칠로
구겨 놓은 청춘의 보상이라 위로하며
히히덕거리는 고아들만의 천국이라면
들풀 같은 영혼
톡톡 부러뜨리고도 배부르게 잠들 수 있었으리라

칼 맞은 김치를 부축하여
호로록 넘는 이승의 문턱이
결코 두려워서가 아님은
누군들 따라나서야 할 길이기에
다만!
얼마만의 진실로 사라져야 하는지를…

변산반도

어디엔들 갯바람에 흔들리는 햇살과
파라솔이 없으랴 마는
물장구로 추억追憶 건지는 너를 찾는다

죽어 간 동심童心 건져
생멸生滅하는 파도에 올려놓고
낙조落潮의 구름 붙들어
끼륵끼륵 사랑을 부른다

함께 울다 사라진 친구의 발자국
갈매기는 알고 있기에
해변에 감추어 둔
오월의 목소리 듣고 싶어서

바람아!
그대는 머물 곳 바르게 찾아
유언하는 가슴 품고 올라서서
형제가 찌른 총칼 깊이 새겨
청솔로 떠난 메아리는 기억하려마.

불새

나는 보았네
아카시아 만발하는 어느 날
주인 잃은 도서관 마당에
널 부러진 젊은이의 주검들을…

나는 또 보았네
숨어든 제복의 구두 소리가
청부 살인자의 총부리 되어
여린 젖가슴 도리는 신작로에서

나는 똑똑히 들었네
한 고을의 양심을 도적질한 그들이
청기와 집 그늘에서
눈먼 시녀侍女 품고 키득거리는
잔인한 모반謀反의 정사政事를…

무궁화

사월에 도려낸 썩은 뿌리에
오월의 음흉한 총성 자리 잡더니
끝내는
시월 망나니 된 무리로 어울려
애비의 초상에 춤을 추고

사월에 겨우 자란 뿌리
오월로 꽃피울 때
아프게 적신 유월의 절규는
시월의 불륜에 침묵할 수 없었다

칠년 살다 죽어간 미친개의 굉음으로
핏물에 잠든 민중民衆의 숨결은
호국의 넋이 되어
애절하게 피었구려.

선인장

햇살마저 녹아지는 사막에서
고독으로 지켜내는 인생아
가시 안고 모질게 피워낸 꽃
차마 품지 못할 피 같은 향기
갈라지는 목마름에도 자식은 끼고 이고
삭막한 현실에 뿌리내린 아픔이 찔려온다

살아남기 위해 잎새를 가시로 바꿔야하는
운명의 생채기 독백으로 삭이고
동료에게 작은 용기 보태어
시드는 가슴으로 하늘의 물줄기만 기다리는데

친구여!
그늘 없는 몸뚱이라 비웃지 말고
송곳 같은 입술을 욕하지 마라
혓바닥 날름대는 발길은 어둠을 타고
민초의 아우성 짓밟고 오나니

이웃마저 없다면 어찌 버티랴
촛불 하나 기다리는 세상에서
정 주고 돌아서는 발길은
내민 손이 부끄러워 구름만 본다.

여인숙

나는 아직도 어두운 언덕길을 감아 돌면
집 나와 서성이는 도둑고양이의 꼬리 키우며
촌로村老가 졸고 있을 싸구려 여인숙을 좋아한다
내려다보이는 강으로
뛰어드는 유성 지켜보다가
벗어던지는 색색의 옷자락을 주워 담아
부도난 호텔에서 실어왔다는 침대에 깔고
찬이슬 피해 벗은 몸으로 잠들 수 있어서

그보다 좋은 또 하나는
잠들어 모르는 사이에도
비싼 임금을 받기 위해
졸리는 눈 열어가며 누군가를 감시해야 한다는
애절한 샹들리에가 곁에 없다는 것과
밤새워 베니어판 너머로 들려오는
옆방의 소곤거림을 엿볼 수 있기에

샤워 꼭지를 더듬고 흘러내려
간지럽게 애무하는 소리가
울컥대는 하수도의 목구멍에 걸려 들려오면
거웃에 붙었던 찌꺼기가 하얀 눈으로 벽에 매달려 비웃고
어긋난 운명의 끄트머리를 매 만질 때
변기에 고여 있던 하루의 눈물이
참지 못해 도망친다

황사라도 덮치는 날이나
벌겋게 발정 난 연말이면
유달리도 많은 발소리와 히히덕거림이
나로 하여금 궁금증을 자아내기에
잠을 설치는 귀는 커지고
상상의 눈동자는 몽롱함에 취해간다

이상한 일이다
분명 아랫녘에서 만났던 목소리가 아닌가

여기까지 오기에는 너무 먼 거리인데
저리도 빨리 올 수 있었단 말인가
세상의 빠르기가 참으로 놀라운 일이다
서둘러 오느라 무엇인가 놓치고 온 듯
힐끗대는 바람 품어 창밖을 내다보고
내일로 죽어 넘는 그믐달에 울고 있다

나는 아직도 알 수가 없기에
조금 더 이곳에 머물러 볼 생각이다
아방궁궐에서 열쇠꾸러미 흔들어 대던 그들이
어찌해서 도솔천 강가의 허름한 여인숙에
서둘러 찾아 와 머물러야 하는지
그리고
오가는 눈을 피해 고개 숙이며
자꾸만 얼굴 가리려 하는지를…

오월의 철새

피지 못하고 시들어 간 오월 가지에서
철새야 앉지 마라
겨우내 핏물 먹고 일어서는 잎새도 알고 있거늘
눈물 없는 가슴
더러운 부리로는
비겁하게 울지도 마라

총검으로 잔인하게 양심 쪼개고
대낮에 주인 찌른 머슴인 것을
천만 년 모를 줄 알았더냐
타락한 봉황의 주안상酒案床에 앉아
히히덕대는 소리
아직도 귓전에 시퍼렇거늘

무릎에 걸어서라도
오수 땅에 들러
하늘 태우고 간 충견忠犬의 무덤에 앉아

애절한 이슬이 눈물로 채워지거든
그때서나
씻은 발로 찾아오려마.

종갓집 사내

곡기穀氣 넘실대는 들녘에
참새 떼 지켜내는 소년이 있고
밀밭에서 연애질하던 노을이 부서질 때
갈대숲에 매달린 참게는 가을걷이 하고
보기만 해도 배부른 시절
문중門衆 대식구 먹이는 재미 톡톡 했었다

어제 같은 청춘이 사위어가기는
급류에 실개천 둑이 터져 시작되었고
아랫목도 모르는 먹물이 밥상을 덮쳐
텃논 기름기 시나브로 잦아들자
종갓집 사내는 자식 두고 사라졌지 아마…

빈대떡 같은 피자 한 판을
글쎄!
쌀 한 말과 바꾸었다고
한 되도 아닌 한 말 밥을 선채로 비우는 녀석

참!

양도 크다

고 녀석 뱃속으로 고향 들판 다 넘기겠다.

침묵의 메아리

광주에서 피어 봉하에 진 청솔青松이
호국護國의 넋을 찾아 간다

옷고름 풀고 싶어 발광하는 정욕政慾은
심장에 칼끝 세워도
포기할 수 없는 초심初心을 위해
은장도銀粧刀 꺼내 들었다

도적盜賊에 능멸당하고도 희희덕대는
밀실의 흥정은 꿈꾸지 않았음에
님이시여!
비겁한 삼류의 발길은 영전靈前에 보태지 말고
조그마한 비석 하나로 부엉이 눈이 되어
비뚤어진 입술을 지켜보소서
이제라도 씻은 손으로 칼자루 잡고
고장 난 저울 잘라내어
낮과 밤을 똑바로 알게 하소서

강물 되어 흐르는 세상에
잊혀진다는 걸 알고 있을 님이시여
역사歷史로 앉아 후세는 가르치소서
풍설風說에 휘날리는 부메랑의 이치를…

카인의 후예

불륜의 별들이 속삭인 모반의 정사政事는
괴성을 질러 고이 잠든 비둘기를 깨웠다
새벽잠마저 빼앗긴 억울함으로
가느다란 날갯짓 하늘에 뿌리는데
영롱한 이슬이 칼바람에 청솔靑松로 지고
햇살로 태어난 무지개
너그러운 미소 그려
철없던 세상을 구경한다

탁 치니 억 했다는 동네에서
음산한 가로등은 살인자의 역사歷史를 받아 적다
비겁한 핏빛 냄새에 찌들어
더 이상은 차마
눈뜰 수 없는 냉혈에
어둠으로 가슴 태우고
등 굽은 노인 불러
담아낸 문서文書 손자에게 보내는데

망나니가 청하는 악수에
날름대는 뱀의 혀끝이 보여와
소스라쳐 돌아 선 사내 하나가
푸르른 날 오색 파문에 누워
카인의 후예를 지켜본다
누가 승자勝者인지를…

한양漢陽 천리

젊음이 피어나는 오월 어느 날
심장 도려낸 두 구의 시체는
구더기 득실대는 공중변소에서
빛바랜 신문新聞에 덮혀져
참새도 벙어리 된 한통속 꽁꽁이 까맣게 모른 채
민주民主의 세포분열에 영혼은 내어주고
미친개 풀어놓은 괴성을 들으며
한 고을의 양심으로
애절하게 썩어가고 있었다

청순한 젖가슴 단검에 가르고도 모자라
음부를 찔렀다는 저 세상 이야기는
반공反共으로 위장한 트럭에 실려져
침묵의 구덩이에 거름으로 쏟아졌기에
아리랑 고개 넘는 발길이 하늘을 울리고도 남아
마른땅의 묘목을 향해 빗물 되어 장송곡 부를 때
히히덕거리는 아방궁궐에서는

승리의 총성으로 축배祝杯를 들었으리라

핏물 먹고 자라 구부러진 청솔靑松아
허겁지겁 버리고 간 망나니의 칼자루 여기 있나니
한양 땅 지나는 일 있거든
아직도 걸려있을 고관대작의 문패 더듬고
여의도 거쳐 간 주인 찾아서
부디 자식에게
가보로 전하라 일러 주려마

돌아오는 발길에 깃발 꽂은 청기와 집 보일 테니
이름도 건지지 못한 어설픈 살풀이로는
힘이 없어서 왜놈한테 찢긴 치맛자락보다도
형제마저 외면한 가슴이 많이 아프다고…

콩나물 1

산자락의 정열로 호랑나비 벗 삼아
한 지붕 각방 쓰고 삼형제로 자란 너는
모질게 때리지도 못하고 입으로만 티격태격
하늘 열리는 미소만 키워내며 익었다

어느 손길에 운명으로 점지되어
햇살 없이 빼곡한 도시都市로 실려왔는가
그때부터 너의 핏기 없는 삶은 시작된 거야
언제나 목마름으로 기다려야하는 어둠의 시간과
이름 모를 사형수로 벗 삼아 거짓에 웃고
밤낮으로 꿈을 세워 담장 밖의 세상은 보고 싶었다
행여라도 알아볼까
달라진 얼굴이지만 희미해가는 기억記憶에라도 기대어
고자 된 내시內侍의 하소연은 전하고 죽어야 하기 때문에

아낙들만 오가는 시장市場의 좌판
부러질 것 같은 목에도 형제는 보이지 않았고

길들여진 움막 그리워질 때쯤
배부른 식모 너를 찍어
유혹의 손길로 회유하려 덤빈다
어긋난 인연으로 울고 있을 때
살점을 찢어 토막 난 영혼에 바르더니
핏물 베인 손을 툭툭 털어
밀실密室의 만찬에서는
서푼짜리 영웅심으로 술잔을 채우고 있었다

깨워 흔드는 물고문에도
羊水(양수) 같은 회귀回歸의 본능本能은
벌써부터 가져온 수의壽衣를 더듬어
독한 너는 고향의 노래를 불렀지

잘려 나간 상처에 아픔이 잠들어 가면
논두렁의 착한 너는
사람을 잘못 본 거야

무릎이 없어 기지도 못하면서
무엇을 위해 도도한 머리를 두 개로 만들어
가을날의 추억을 찾으려 했는가

아낙은 금침 속에서 입술 내밀고
서러운 달빛만 장송곡 뿌려
진솔한 흔적 챙겨 가는데…

콩나물 2

사는 게 버거워
두 개의 머리에 나누어 담고
골방 지키는 타락한 네온의 불빛에
허기진 나신裸身 비벼대며
어쩌다 쏟아지는 정액 같은 물기를 훔쳐서라도
달음질치는 무리에 섞여 일어서야 하는
핏기 없는 현실을 전하고 싶어서
담장 밖의 노을은 보고 싶었다

낯선 아낙 째려보는 식탁
발싸심으로 키워낸 뿌리 톡톡 부러질 때
밀어낸 자궁 향해 짓무른 가슴 쏟고
이제 그만 죽여주기를 애원하는데도
가느다란 목마저 비트는 잔인함은
아직도 어딘가에 남아있을지도 모르는
숨은 정보를 알아내기 위해
무덤으로 보내기엔 이른 시간이었다

어쩌다 걸려오는 뇌물 같은 전화질로
절단 나는 고문은 잠깐 휴식 되어도
공포로 걸어오는 웃음이 두려워
실눈 뜨고 죽은 척
먼저 간 친구를 부러워했다

일상日常의 손길이라 가볍게 죽이고 있다만
출세出世하기 위하여
햇빛 없는 곳에서 시간을 채워
버림받은 영혼이 실하게도 버텨 살았다
이제는
힘을 주던 이웃도 제 살길 막막하여 흩어지고
어느덧 초인종 든 사자使者가 도착할 시간인가 보다

너의 분신은 이미 보이지 않았고
씩씩거리는 연기가
비릿한 너의 목숨을 감추기 위해
솥뚜껑을 밀어 내고 있었다.

홀로 가는 길

낙가사에서

日出로 익힌 뱃머리에 염불念佛 실어
오대양 육대주로 띄우고
속 깊은 철길 위로는
자족自足의 법문 담아
못 사는 형제에게
통일의 원력을 전하고 있다

탐욕으로 넘실대는 세상이
해안선에 흩어져 유혹하여도
정법正法 세운 일주문 안에서는
이고득락의 미소 찾는 길손이 있어
파도를 향해 삼독심三毒心 던질 때

영혼을 깨우는 목탁소리로
만남과 이별이 한 곳에 머물고
사자와 토끼가 동무되는
나침반의 지혜를 나누어주고 있었다.

선풍기

번뇌로 찌든 열기熱氣 식히려고
삼보에 뿌리박은 묵언黙言의 날개가
열대야熱帶夜의 허공을 뒤집는다

하 세월 구석지기 신세가 억울하여
투정도 하련마는
손끝에서 인연 따라 돌고 있다

바람을 만든다 말하지 마오
환희심歡喜心에 하루를 적시고
윤회輪廻의 흔적만 구경하여라.

무지개의 변명

그냥 서 있었다

비온 뒤의 하늘이 하도 고와서
오랜만에 바람 쏘이려 나왔고
햇살 내려와 웃었을 뿐인데
바라보는 이가 빨주노초라 이름 지어
손뼉 치는 것을 어쩌란 말인가

잠시 머무는 허공의 물기로
인연 된 햇살과 만났을 뿐
결코 색깔 가진 적 없어
속일 마음은 꿈꾸지 않았는데
무지개라 부르는 걸 어쩌란 말인가

돈과 명예와 사랑을 빌려
화려하게 색칠하는 망상으로 살기 싫어
잠시 머물다 가려는데

그대 찾는 무지개가 무색임을 알아주오
칠색의 껍데기가 거짓임을 믿어주오
생각 생각으로 스스로를 찾아주오.

법주사 나들이

천오백년을 지켜 낸 山寺에는 다람쥐가 없어서
이끼 덮은 속임수로 어린 손길을
희롱해야 했나요

시드름병에 목걸이 걸치고
하소연하는 이유를 정녕 모르시나요
탐 · 진 · 치와 석여 노는 동동주가
일주문을 침범하여
야금야금 영혼 갉아도
행여나 님이 볼세라
꼿꼿한 척 자존심 지키는데

아서라!
말아라!
참나무 죽으면 그대 죽는 이치를
어찌하여 모르는가
고목 된 역사의 상흔傷痕에는
법문만이 녹아져 울고 있었다.

부처가 꽃을 든 까닭

꽃향기 색으로 날아
허공에서 성불하고
뿌리는 이미 고통을 넘어
초목의 발끝에서 염불하는가

서산은 동산을 알지 못하는데
새소리로 법문 전하면
동산은 서산을 보지 못하는데
구름으로 합장 실어 보낸다

산은 계곡의 수량을 상관하지 않은 채
무딘 돌 깎아 내며 하심下心하라 타이르고
가린 구름 탓하지 않는 태양이 있기에
청솔은 흔드는 바람에 매하지 않는다

생로병사 지우려는 빗줄기 우산만 적시다가
번뇌의 눈빛으로 부귀영화 훔칠 때
전생에 심어 놓은 인연의 업장은
아플 만큼 아파야 멈추는 것이다.

상원사에서

팔만 사천 나유타의 정성으로
탕자 기다리는 돌계단 사이사이에
손등 찢긴 핏물이 고여 있었다

해묵은 가르침이 언제부터 있었는가
그 사랑 멀리하고 얼마를 헤매었는가
세상에 밟히고 아상으로 멍든 기억이
걸음걸음에 누워 울고 있습니다

비로봉에 소원 빌어 그대를 부릅니다
나즈막한 밤하늘에 손을 뻗어
별은 따서 욕심 담고
달은 품어 번뇌 적시고
빈 가슴으로 그대 앞에 무릎 꿇어
남은 세월과 바치리니
수족처럼 백 살까지 쓰옵소서
보리살타로 죽어 갈 수 있다면
나!
행복 하겠소.

소중한 사랑

당신을 만났다는 것이
바닷가 모래알만큼의 기적이기에
인연의 실오라기를 느꼈습니다

당신의 얼굴에 미소를 채우기 위해
아낌없이 주어도 부족한 가슴이
어쩌면 전생에 못 갚은 품앗이일까요

긴긴 날 찢기고 아파하는 당신을 바라보며
밤 새워 씻어 내야 할 업보業報 붙들고
무릎 꿇어 지새우는 기도의 정진을 배웠습니다

당신이 심어놓은 화초
가을비에 젖어 시들어 간 뒤
보이지 않는 기운으로 새순 돋아 내는 것에서
윤회의 한 자락을 보았습니다

손톱에 올려 진 흙으로 나툰 사랑
당신이 부처인 것을
이제서야 알겠습니다.

홀로 가는 길

이제 그만 가려네
한때의 폭풍우에 어두운 들녘 걸었어도
그대 인연되어 행복했다오

함께 갈 수 없다는 푯대와
이 길이 끝이 아니라는 이정표 있기에
소중한 여행의 그림자 되어
내생來生을 위해 편히 쉬리니

그대여!
추억일랑 달빛 앉은 구름 위에 뿌리고
소리 없는 눈물로 보내 주시게.

속리산의 가을

가난한 바위로 솔잎 키우는 산기슭에
송사리의 합장을 비웃지마라

설익은 바람에 낙엽 되어도
인연因緣으로 뒹굴어 달빛에 웃고
연인戀人의 속삭임을 추억으로 훔치는데
보이는 것이 전부라는 어리석음에
함부로 동동주 마시지 마라

도심에 물든 삼독 씻으려고
문장대의 속살 훔쳐 담은들
내려가면 돋아날 양심의 찌꺼기는
해우소 절벽에 떨치고 가야지.

신흥사에서

동심들이 재잘대는 공양간에서는
순백의 영혼이 손짓하고 있었다

썩은 초가 걷어내고 슬레이트 올리며
샘물 길어 다기 채울 때
초심대로 살자 서원 했었기에
지게다리 다독여 나뭇짐 실어 날랐다오

일주문에 이십 년의 담장을 쌓고
세속으로 발길 끊어 정진한 것은
청솔 꺾으려는 바람 속에 촛불 키우고 싶어서
자타일시 성불하는 생의 지혜는
모락모락 피우고 싶어서

어린 가지에 열매 없다 누가 탓하리요
훗날에 피어 날 연꽃은 내 볼 수 없어도
인연의 초석 하나로 죽어갈 수 있다면
여명 따라오는 내생에 합장하리라.

쌍암사 계곡

바위를 두드리는 자진모리 거저 듣고
집착 없이 흐르다가 사계절로 인연 맺어
성불의 언덕을 넘는다

구름에 올라 타 천수경 두드리면
수락산 잎새 하나 내려 와 어깨춤 추고
부서져야 깨치는 세상사 놓고 가는데
모로 누운 가지 꺾어 사랑은 불러야지
허공 채운 달빛모아 소망도 품어야지
아서라!
말아라!
무상無常으로 그냥 흘러라

번뇌의 구비 돌아 질긴 매듭 풀리면
촛불 밝힌 관음전에 낙엽만 올려놓고
내생을 향한 발걸음에
염불만 담아 간다.

연꽃

겹겹이 덮어낸 가슴자락
수심에 감추고
합장으로 빚어 낸 해탈의 청아한 얼굴
소란한 번뇌의 바람 하나
그대 품 스치고 간다

새벽 염불 시린 발끝에
윤회의 아픔 깨워 만지고
오염된 세상 걸러내어 돋아 세운 잎새에
자비의 미소 태워 앉힌 듯

아귀다툼으로 연옥 구석에 숨은 영혼
성불의 입김으로 잡아 올려
적막의 산길에 연등으로 피우는가
눈물 감추고 담아 낸 사랑이
죽어가는 심장을
찔러 깨운다.

월정사에서

해탈의 다리는
고뇌의 샛길을 지나야 있다

칠보로 단장한 예물보다 귀하다는
금강교 한 자락 붙들고 발길 옮기면
이름 모를 새 한 마리 인연되어
불심佛心 우거진 전나무 길을 일러준다

스러진 고목의 나이테 속에는
아직도 머물러 법문 전하는 선지식이 만져지고
욕심 없는 삶으로 성불하라 이르며
찬불가 부르는 계곡 모퉁이에는
장맛비로 흐르던 공포의 역사歷史가
흔적을 남긴 채 객을 맞는데

구층 석탑보다 무거운 욕심의 덩어리와
비워 내지 못한 어리석음을 탑돌이에 덜어내고
이웃에 먼저 손 내밀기 위해
백팔배로 찢긴 가슴 다듬어서
남은 날을 위해 청정법신 품어간다.

종이 한 장 때문에

먼 곳에 있지 않았는데
종이 한 장에 가려져 몰랐습니다
밤을 낮 삼아 뛰었고
낮은 쪼개고 또 쪼개어 허둥대는데
어리석게 등하불명燈下不明의 의미를
알면서 속았습니다

젊은 날을 허비한 것은
보이는 게 전부라 믿었기 때문에
돈과 사랑과 명예 잡으려고
예수와 공자와 석가를 부르며
나름대로의 최선으로 이 밤을 만났습니다

빈손으로 간다는 사실 알고 있기에
유서遺書만은 남기고 싶어서
용기 내어 종이를 찢었는데
아뿔싸!

모든 것이 마음 하나 뒤에서
비웃고 있다는 사실을 알았습니다
탐 · 진 · 치라 쓰여 진 종이 한 장 뒤에서
돈과 사랑과 명예가 한 몸 되어 뒹굴더이다.

찜질방에서 만난 원효

불가마에 앉아
멎을 것 같은 심장 지키다가
매달리는 번뇌의 찌꺼기 털어내고
애욕이 타는 지옥문 벗어나
얼음방을 찾는다

시방의 온갖 것이 내 것인 듯
청정한 가슴에 극락이 따로 없어서
행복으로 오래토록 머물자 했더니
차가움이 발끝으로 번져 마디를 점령하고
어금니 떨리는 소리 괴로워
또 하나의 지옥문을 나선다

미소로 채우던 네온의 쾌락이
고통의 아침을 안겨주어도
숫한 밤을 그리워했던 무릉도원은
님이 마신 물그릇에 있었습니다
네 선 자리가 극락이자 지옥이라며
머물렀던 마음을 어렴풋이 보았습니다.

참회

길 안에 길이 있고 길 넘어 길이 있었네
포기할까 망설이며 한참을 걸어온 길
오색불빛 섞여 도는 허상에 취해
되돌릴 수 없는 길목에 쭈그리고
행복의 이정표만 두리번거린다

봄바람은 동토凍土 녹여 꽃길 만들더니
비에 젖어 진흙길 되다가
낙엽 밟고도 윤회하는 여정 깨닫지 못해서
인연으로 놓인 길 거부하고
시한부 된 껍데기 짊어진 채
오가는 하루 구경만 하고 있다

길 안에 길이 있고 길 넘어 길이 있었네
포기할까 망설이며 한참을 걸어 온 길
지수화풍으로 이어도는 오늘을 만나
언젠가 와 본 듯한 길목에서
잃어버린 거울 한 조각 붙들어
어제의 허물만 지우고 있어라.

해인사에서

홍류문紅流門 들어서면
관욕불灌浴佛에 발길 멈추고
오염된 가슴자락 씻어야 한다

빙설氷雪같은 자운의 율풍에
삼천 번 무릎 꿇고 흐르는 계곡은
천이백 년 불심으로 고사목 키우고
십 년 묵은 가슴앓이 천상으로 보내는데

가야산의 바람이
물은 물이고
산은 산이라며 풍경소리로 선지식 담아 오면
참선하는 용마루에서 여의주 하나 붙들어
체면의 껍질은 던지고 가란다
서푼짜리 아상我相도 감추지 마란다.

휴휴암의 발길

시루떡 올리는 기도가 쉬지 않는다
조금이라도 가까이 다가가
용왕을 만나려는 발돋움으로
거북의 등은 삼백예순 날
정원초과 되어 물기에 젖어 있다

독경소리에 소스라친 악귀가 포말로 사라지는가!
벼랑의 패인 흔적은 누구의 영혼이 스쳐 갔는가!
끝없는 반복의 몸짓으로
번뇌 지우려 정진하는 파도가
하~얀 불심 되어 가슴에 안겨 온다

고깔에 정성이 내려와 바라춤 익어 가고
한 서린 혼령魂靈이 북장단에 어깨춤 추면
비로소
이승과 저승의 화해和解가 이루어지나보다
동해東海에 올라서서 용궁의 바람만 품고 간다.

용문사에서

낙조落潮 쉬어가는 샛길 끄트머리에서
성불成佛의 언덕으로 이어지는
좁은 문 열고
촛불 지켜 정진하는
산사山寺 하나 여유롭다

애착으로 끄달리는 영가
텃밭에 고추 심어 인연 거두고
풍경은 바람 불러
솔잎 타고 노는 번뇌
툭 툭 털어 잔을 채우면
처마 끝에서 흐르는 무욕無慾의 지혜가
마당 가득 달맞이꽃 키우고 있다

정 주지 못해
도심都心을 탈출하는 중생 보듬어
행여라도 스러질까

참선의 쪽방에 앉혀서
죽비 들어 보약 달여 먹이고
삶의 찌든 때
서해西海로 귀양살이 보내는데

업보 씻어 불심 키우는 강아지
꼬리 흔들어
또 다른 객客을 맞는다.

홍련암의 가피

한반도 지켜내는 동해의 파도에
과거를 꺼내어 올려 본다

도시都市에 중독되어
네온으로 꺽꺽대는 가슴이
포말을 휘휘 저어 불순물 털어내고
무릎 꿇어 백팔배의 예방주사 맞는다

원효와 의상의 발자국에 뿌리를 내려
오도송으로 바람 만드는 해송海松이야
관음의 미소를 통해 알고 있겠지만

걸음마다 젊어지고 오는
삶의 고뇌로 인해
색색으로 도지는 가슴앓이 벼랑에다 던지고
진리眞理 담아가는 기도의 가피를
한가로운 갈매기도 알고 있었다.

입술

영혼 키우기 위해 먹거리 곱게 갈아
오장육부五臟六腑로 불심佛心 건네주고
들숨 날숨 만들어 새아침 맞게 하는
대문大門을 보고 있다

탐 · 진 · 치가 질척거리면
심호흡으로 가다듬고
하얀 가슴만을 검문하여
우쭐대는 아상我想의 소리 닫는 것은
복과 화禍 저울질하는 심판관이기에
수시로 드나드는 미소의 특권은
향기만을 전하기 때문인데

어리석은 망나니 되어
두 개의 양심으로 거짓 부르고
날선 검으로 객기 부려
문지기 무시하고 함부로 살았어라.